Table of Cont

CW00518976

Table of Contents

Table of Contents

Hello, Karibu sana, we know you are
very excited to learn Kiswahili.

In this book, our intention is to give you tools
that will make your journey in learning the
language a bit easier.

"If you talk to a man in a language he understands, that goes to his head. If you talk to him in his own language, that goes to his heart",Nelson Mandela.

This quote summerizes everything we could
say or want to say in this book. When you
get to Tanzania or meet a Tanzanian you
will experience this. Tanzanians are very
warm and welcoming people, and they love
it when their guests speak or attempt to
speak Kiswahili. They are so eager to teach,
and are very patient and supportive.

In this book, we thought of the many
situations you will be in, that you will
experience, and we wanted to
give you a tool or boost to make your
experience even more rich and memorable.

This little book is jam packed, from how
to greet to negotiating prices, it's all here.

How to pronounce the vowels:
Once you know how to pronounce
the vowels, you are halfway there.

In Kiswahili there are 5 vowels, a e i o u
and they only have one sound.

A like the a in Car
ex. anga (sky)

E like the e in Bed
ex. elewa (understand)

I like the double ee in Wheel
ex. imba (sing)

O like the o in Off
ex. omba (ask for)

U like the double oo in Cool
ex. ua (flower)

Swahili has 24 consonants, we don't have
x and q, these sounds are absent.

b like b in Boy
ex. baba (father)

d like d in Dog
ex. dada (sister)

f like f in fun
ex. fagia (sweep)

g like g in gut
ex. gauni

h like h hen
ex. habari (hello)

j the j in jam
ex. joto (hot)

k like k in kit
ex. karibu (welcome)

l like l in lamp
ex. lala (sleep)

p like p in pot
ex. poa (cool)

s like s in sun
ex. sauti (voice)

t like t in tip
ex. tisa (nine)

v like v in van
ex. vaa (get dressed)

w like w in win
ex. watoto (children)

y like y in yellow
ex. yule (that person right there)

z like z in zebra
ex. zaa (to give birth)

m like m in mop
ex. mama

n like n in number
ex. namba

r like r in ran
ex. ruka (jump)

We also have these extra consonants
Dh as the th in then
ex. dhahabu (gold)

Th like the th in thin
ex. themanini (eighty)

Gh like gh in Ghana
ex. ghali (expensive)

Sh like the sh in dash
ex. shimo (hole)

Ng like the ng in sung
ex. nguo (clothes)

Ng' like the ng in singer

ex. ng'ombe (cow)

Ny as the gn in Lasagne

ex. nyanya (tomato)

Remember Kiswahili has no silent letters,
it's important that you pronounce every syllable,
ex. Msichana (girl)
Ndege (bird)
Mto (river)

Some words are identical, but completely
mean something different, depending on
the context they are used in.
ex. Kaa (sit) Kaa (crab)
Kaa (charcoal) Kaa (stay)

And remember our R roll on our tongues.

Practice, Practice your vowels.
We suggest you practice vowel songs, they are
tons in youtube. We'll post one on our channel
Little Swahili Speakers.

Greetings

Pleasantries and Responses

- **Hujambo** How are you?

- **Sijambo** I am well.

- **Mambo/Mambo vipi?** How are you doing/what's up (informal)

- **Poa** Cool or I'm cool.

- **Safi** Good.

- **Habari/Habari yako?** What's new/how are you?

- **Nzuri** Good.

- **Nzuri sana** Very good.

- **Niko salama, asante. Na wewe?** I am good, thanks and you?

- **Shikamoo** Respectful greeting for elders, Kids always use this towards adults.

- **Marahaba** Thank you for your respect reply to shikamoo

Greetings

Pleasantries and Responses

- **Habari za asubuhi** Goodmorning.

- **Habari za mchana** Goodafternoon.

- **Usiku mwema** Goodnight.

- **Jina lako nani?** What's your name?

- **Jina langu ni / Mimi naitwa** My name is...

- **Unatoka wapi?** Where are you from?

- **Natokea** I am from...

- **Kwaheri** Bye.

- **Ninafurahi kukutana na wewe**

  Nice to meet you.

- **Tutaonana baadaye** See you later!

- **Habari watoto** Hello kids!

- **Habari zenu** Hello (more than 1 person)

- **Nakutakia siku njema** Have a good day.

- **Huyu ni nani?** Who is this?

- **Huyu ni...** This is...

Greetings
Pleasantries and Responses

- **Asante** Thank you.

- **Asante sana** Thank you very much.

- **Karibu** Welcome.

- **Karibuni** Welcome (more than 1 person)

- **Lala salama** Sleep well or peacefully.

- **Samahani** I am sorry.

- **Niwie radhi** Please excuse me.

- **Tafadhali** Please.

- **Pole** Sorry (You use it if someone is hurt, ill, it basically means I'm sorry you are hurting, I'm sorry you fell, I'm sorry you are going through hard time,etc
You use it to symphasize w/ someone.

- **Pole sana** Very sorry.

- **Naomba...** May I have?

- **Nilitaka...** I wanted...

Greetings

Pleasantries and Responses

- **Ndio/Ndiyo** Yes
- **Hapana** No
- **Sawa** Okay
- **Hapana asante** No, thank you.
- **Sitaki** I don't want...
- **Hamna shida** No problem.
- **Naelewa** I understand.
- **Sielewi** I don't understand.
- **Naweza kukupiga picha?** Can I take your picture?
- **Naomba kukupiga picha?** May I take your picture?
- **Tunaweza kupiga picha pamoja?** Can we take a picture together?
- **Unaongea Kiingereza?** Do you speak English?
- **Hapana, siongei Kiingereza** No, I don't speak English

Colors

- **eupe** white

  Maziwa meupe/ The milk is white.

- **eusi** black

  Paka mweusi/The cat is black.

- **ekundu** red

  Damu ni nyekundu/ Blood is red.

- **samawi/ bluu** blue

  Gari lake ni la bluu/ His car is blue.

- **kijani** green

  Majani ni ya kijani/ The grass is green.

- **njano** yellow

  Gauni mama ni la njano/Mama's dress is yellow.

- **rangi ya maji ya kunde** brown

  Msichana ni maji ya kunde/ The girl is brown.

- **rangi ya machungwa** the color of oranges

  Ukuta ni langi ya machungwa/The wall is orange.

- **rangi ya zambarau** purple

  Shati yake ni rangi ya zambarau/ his shirt is purple.

Colors

- **Rangi ya shaba** the color of bronze.

  Sipendi rangi ya shaba I don'tlike bronze.

- **Rangi ya fedha** the color of silver.

  Rangi ya fedha inafananaje?

  How does the silver color look like?

- **Rangi ya dhahabu.** the color of gold.

  Mkufu wa dhahabu Gold chain.

- **Rangi ya hudhurungi.** The color mustard.

  Kiti ni rangi ya hudhurungi

  The chair is mustard.

- **Rangi ya waridi** pink (color of roses)

  Anapenda rangi ya waridi/She likes pink.

- **Rangi ya mwangaza** light color

  Usivae Viatu vya rangi ya mwangaza.

  Don't wear light colored shoes

- **angirangi** multicolor

  Amevaa gauni ya rangirangi.

  She is wearing a multicolored dress.

- **Rangi ya nili.** the color dark blue.

  Hiyo sio rangi ya nili. That's not dark blue.

12

Colors

- **Rangi gani?** What color is it?

- **Hii karatasi ni nyeupe.** This paper is white.

- **Paka ni mweusi.** The cat is white.

- **Yule msichana ni maji ya kunde.**
  That girl is brown skinned.

- **Rangi hii?** This color?

- **Amevaa rangi gani?** What color is the
  person wearing?

- **Gauni yake rangi gani?** What color is
  her dress?

- **Amevaa Viatu vyeusi.** He/She is wearing
  black shoes.

- **Suti yake rangi gani?** What color is his suit?

- **Gari yako ni rangi gani?** What color is
  your car?

- **Ukuta hule rangi gani?** What color is that wall?

- **Ina rangi nyingyi nyingi.** It has lots of colors.

Numbers

- **Moja** One
- **Mbili** Two
- **Tatu** Three
- **Nne** Four
- **Tano** Five
- **Sita** Six
- **Saba** Seven
- **Nane** Eight
- **Tisa** Nine
- **Kumi** Ten
- **Kumi na moja** Eleven
- **Ishirini** Twenty
- **Thelathini** Thirty
- **Arobaini** Forty
- **Hamsini** Fifty
- **Sitini** Sixty
- **Sabini** Seventy
- **Themanini** Eighty
- **Tisini** Ninety

Numbers

- **Mia moja**   One hundred
- **Mia na kumi**   One hundred and ten
- **Mia moja hamsini**   One hundred and fifty
- **Mia mbili**   Two hundred
- **Mia tatu**   Three hundred
- **Elfu moja**   One thousand
- **Elfu kumi**   Ten thousand
- **Laki moja**   Three hundred thousand
- **Laki tatu**   One hundred thousand
- **Nusu laki**   Five hundred thousand
- **Milioni**   Milioni
- **Milioni moja**   One million
- **Milioni kumi**   Ten million
- **Shilingi ngapi?**   How many shillings?
- **Bei gani?**   How much is it?
- **Bei ghali**   Expensive
- **Bei nafuu**   Cheap
- **Namlipa nani?**   Who do I pay?

Measurements

- **Vipimo** Measurements
- **Urefu** Length
- **Uzito** Weight
- **Ujazo** Volume
- **Temprecha** Temperature
- **Galoni** Gallon
- **Lita moja** Quart
- **Futi** Foot
- **Yadi** Yard
- **Inchi** Inch
- **Maili** Mile
- **Upana** Width
- **Urefu** Height
- **Fupi** Short
- **Ndefu** Long
- **Pima** Measure
- **Kupima** To measure
- **Kidogo** A little
- **Nzito** Heavy

16

Date and Time

- **Mwezi wa kwanza/Januari** January
- **Mwezi wa pili/Februari** February
- **Mwezi wa tatu/Machi** March
- **Mwezi wa nne/Aprili** April
- **Mwezi wa tano/Mei** May
- **Mwezi wa sita/Juni** June
- **Mwezi wa saba/Julai** July
- **Mwezi wa nane/Agosti** August
- **Mwezi wa tisa/Septemba** September
- **Mwezi wa kumi/Oktoba** October
- **Mwezi wa kumi na moja/Novemba** November
- **Mwezi wa kumi na mbili/Decemba** December
- **Leo tarehe ngapi?** What's today's date
- **Huu mwezi gani?** What month is this?
- **Umezaliwa tarehe ngapi?** When is your birthday/what is your birthdate

Date and Time

- **Jumatatu** Monday
- **Jumanne** Tuesday
- **Jumatano** Wednesday
- **Alhamisi** Thursday
- **Ijumaa** Friday
- **Jumamosi** Saturday
- **Jumapili** Sunday
- **Unakuja siku gani?** What day are you coming?
- **Leo ni ijumaa** Today is Friday
- **Mnafungua kila siku?** Do you open daily?
- **Wiki ngapi?** How many weeks?
- **Kila siku** Everyday
- **Sikukuu** Holiday
- **Leo ni sikukuu** Today is a Holliday
- **Kesho sio sikukuu** Tomorrow is not a holiday
- **Wiki ijayo** Next week
- **Wiki iliyopita** Once a week
- **Mara moja kwa week** Last week
- **Kila week** Every week

Date and Time

We tell time by referring to 12 hours of the day and 12 hours of the night.

So 7am is the first hour of the day and 7pm is the first hour of the night.

- **Saa moja** 7am/7pm
- **Saa mbili** 8am/8pm
- **Saa tatu** 9am/9pm
- **Saa nne** 10am/10pm
- **Saa tano** 11am/11pm
- **Saa sita** 12noon/12midnight
- **Saa saba** 1pm/1am
- **Saa nane** 2am/2pm
- **Saa tisa** 3am/3pm
- **Saa kumi** 4am/4pm
- **Saa kumi na moja** 5am/5pm
- **Saa kumi na mbili** 6am/6pm
- **Saa ngapi?** What time is it?
- **Saa** Time
- **Dakika** Minutes
- **Sekunde** Seconds

Date and Time

- **Asubuhi** Morning
- **Mchana** Afternoon
- **Adhuhuri** Noon/Midday
- **Alasiri** Afternoon
- **Jioni** Evening
- **Usiku** Night
- **Usiku mchanga** Between 7pm -11pm
- **Usiku mkuu/usiku wa manane**

  Between midnight and 3am
- **Alfajiri** Dawn

  How to state the time

- **Saa moja asubuhi** 7 in the morning
- **Saa saba mchana** 1 in the afternoon
- **Saa kumi jioni** 4 in the evening
- **Saa moja usiku** 7 at night
- **Saa kumi alfajiri** 4 in the morning
- **Nusu** Half
- **Kamili** Exact
- **Robo** Quarter after
- **Kasororobo** Quarter to

Date and Time

- **Sasa hivi** Right now
- **Masaa ya mchana** Afternoon hours.
- **Utakuja saa ngapi?** What will you come?
- **Utaondoka saa ngapi?**
  What time are you leaving?
- **Chakula cha asubuhi ni saa ngapi?**

  What time is breakfast?
- **Ulilala saa ngapi?** What time did you sleep?
- **Nitachelewa.** I'm going to be late.
- **Nitawahi.** I'll be early.
- **Utapika saa ngapi?**
  What time are you cooking?
- **Utasafisha saa ngapi?**
  What time will you clean?
- **Tutakutana saa ngapi?**
  What time are we meeting?
- **Mtafungua saa ngapi kesho?**
  What time will you open tomorrow?
- **Samahani nitachelewa**
  I'm sorry I'm gonna be late
- **Masaa mengi** A lot of hours

Common Questions

- **Unaongea kiingereza?** Do you speak English?

- **Unaongea lugha gani?**

  What language do you speak?

- **Unaweza kunisaidia?** Can you help me?

- **Naweza kupata wapi msaada?**

  Where can I get help?

- **Tupo wapi sasa hivi?** Where are we right now?

- **Ulikua wapi jana?** Where were you yesterday?

  Utarudi? Are you coming back?

- **Utarudi lini?** When are you coming back?

- **Huyu mnyama wa aina gani?**

  What kind of animal is this?

- **Hii hipo?** Is this here? Do you have this?

- **Huyu ni nani?** Who is this?

- **Hii ni nini?** Whats this?

- **Wale ni kina nani?** Who are they?

22

Common Questions

- **Unasemaje...kwa Kiswahili?**

  How do you say ...in Kiswahili?

- **Unataka nini?** What you want?

- **Nani anakaa hapa?** Who is sitting here?

- **Naweza kukaa hapa?** Can I sit here?

- **Tunaweza kuja kuona?** Can we come see it?

- **Unakaa wapi?** Where do you leave?

- **Unatoka mji gani?** What city are you from?

- **Kuna choo kingine?**

  Is there another bathroom

- **Naomba unioneshe chooni?**

  Can you show me the bathroom?

- **Unajisikiaje?** How do you feel?

- **Upo poa/freshi?** Are you ok?

- **Kwanini unacheka?** Why are you laughing?

- **Umefurahi?** Are you happy?

- **Nimefurahi** I am happy

Common Questions

- **Maduka yatafunguliwa leo?**

  Are the stores going to open today?

- **Naweza kubadilisha wapi pesa?**

  Where can I exchange money?

- **Mimi ni mgeni**   I'm a guest/I'm new

- **Wewe ni mwenyeji wangu**   You are my host

- **Naweza kunywa pombe hapa?**

  Can I drink alcohol here?

- **Naweza kuvuta sigara hapa?**

  Can I smoke here?

- **Naweza kuacha gari yangu hapa?**

  Can I leave my car here?

- **Inabidi nilipie?**   I have to pay?

- **Shillingi ngapi?**   How much?

- **Watoto wanaruhusiwa hapa?**

  Are kids allowed here?

- **Mpaka saa ngapi?**   Till what time?

Common Questions

- **Naweza kutembea hapa usiku?**

  Can I walk here, at night?

- **Naweza kwenda wapi kustarehe?**

  Where can I go to relax?

- **Unanipa ushauri gani kama mtalii?**

  What advice would you give me as a tourist?

- **Wapi naweza kupata chakula?**

  Where can I get food?

- **Kuna Hoteli karibu?**

  Is there a Hotel close by?

- **Kuna sehemu ya kukata nywele?**

  Is there a place I can get my hair cut?

- **Naweza kupata wapi msusi?**

  Where can I get a hair braider?

- **Tunaweza kwenda pamoja?**

  Can we go together?

Directions

- **Kilele** Top
- **Chini** Bottom
- **Juu** Up
- **Katikati** Middle
- **Mbele** In the Front/Front
- **Nyuma** Behind
- **Upande** Side
- **Mashariki** East
- **Magharibi** West
- **Kaskazini** North
- **Kusini** South
- **Nje** Outside
- **Ndani** Inside
- **Kando** Adjacent / Besides
- **Kinyume** Opposite
- **Karibu** close/closeby

Directions

- **Kuelekea** Towards
- **Tazama** Look
- **Kona** Corner
- **Karibu** Close
- **Mbali** Far
- **Kuzungukia** To go around
- **Pande zote** All sides
- **Kando na** Aside from
- **Juu ya** On top of
- **Chini ya** Under
- **Barabara gani?** What road?
- **Mtaa gani?** Which street?
- **Unaendaje?** How do you get there?
- **Unatumia usafiri gani?**

  How do you get there?
- **Mbona sioni anwani?**

  How come I do'nt see your address?

Directions

- **Juu ya mlima** On top of the mountain.

- **Chini ya meza** Under the table.

- **Kushoto** Left.

- **Kulia** Right.

- **Nenda kushoto** Go left.

- **Kata kona** Make a turn at the corner.

- **Nenda moja kwa moja** Go straight.

- **Katikati ya barabara** Middle of the road.

- **Mbele ya benki** front of the bank.

- **Nyuma ya Nyumba** Back of the house.

- **Pembeni ya gari** On the side of the car.

- **Nimezungukwa na maji**

  I am surrounded by water.

- **Pande zote mbili** All two sides.

- **Ningojee, nakuja** Wait for me, I am coming.

Directions

- **Ninataka kwenda...** I want to go...

- **Ubalozi wa Marekani ni wapi?**

  Where is the American embassy?

- **Naomba unipeleke** Please take me.

- **Itachukua mda gani?** How long will it take?

- **Kituo cha basi/treni** Bus stop/Train station.

- **Uwanja wa ndege** Airport.

- **Hoteli hipo wapi?** Where is the hotel?

- **Hapa** Right here.

- **Pale** Right there.

- **Pati itakuwa wapi?** Where is the party?

- **Huko wapi?** Where are you?

- **Tutaendaje?** How are we going to get there?

- **Panda basi** Take the bus.

Medical

- **Hospitali hiko wapi?** Where is the hospital?

- **Naomba huduma?** Can I get service?

- **Naomba msaada** Can I get help?

- **Nimeumia** I hurt myself.

- **Nasikia homa** I have a fever.

- **Maumivu** Aches/Pains.

- **Kitchwa kinauma** My head aches.

- **Mgonjwa** Someone who is sick.

- **Nimetapika** I threw up.

- **Tumbo linauma** My stomach is hurting me.

- **Bima** Insurance.

- **Una bima?** Do you have insurance?

- **Sina bima** I dont have insurance.

- **Mnachukua bima?** Do you take insurance?

Medical

- **Hii ni dawa ya nini?** What medicine is this?

- **Nasikia kizunguzungu** I feel dizzy.

- **Najisikia afadhali** I feel better.

- **Nimejikata** I cut myself.

- **Mguu wangu umevunjika** My leg is broken.

- **Nalipiaje matibabu?** How do I pay

  for the hospital bill?

- **Sijatumia choo tangu...** I have not

  used the bathroom since...

- **I am allergic to ...** Mimi ni mzio wa...

- **Jino langu linauma** I have a toothache.

- **Nimeshapona** I am all better

- **Nitalazwa...** I am going to be admitted.

- **Meza dawa** Swallow pills.

Ordering Food

- **Meza kwa mtu mmoja** Table for one.

- **Meza kwa watu wawili** Table for two.

- **Ninaweza kuangalia menyu, tafadhali.**

  Can I see the menu, please.

- **Mimi sili nyama** I don't eat meat.

- **Naomba usiweke karanga kwenye chakula, mimi ni mzio wa karanga.**

  Please don't put nuts in my food, I am allergic.

- **Sili nyama ya nguruwe.** I don't eat pork.

- **Ninakula chakula halali tu.**

  I only eat kosher food.

- **Punguza Mafuta**

  Can you not put too much oil.

- **Ninasikia njaa** I am hungry

- **Nimeshiba, asante.** I am full, thank you.

- **Karibu tule.** Welcoming someone to eat.

Ordering Food

- **Asante kwa chakula.** Thank you for the food.

- **Nyama choma** Barbecued meat.

- **Wali wa nazi** Coconut rice.

- **Maharage** Beans.

- **Pilau** Pilau.

- **Mbuzi** Goat.

- **Samaki** Fish.

- **Mna juisi za aina gani?**

  What kind of juices do you have?

- **Hii ya moto** This is hot.

- **Hii ya baridi** This is cold.

- **Mayai** Eggs.

- **Chakula cha asubuhi** Breakfast.

- **Chakula cha mchana** Lunch.

- **Chakula cha jioni** Dinner.

Ordering Food

- **Watu wengi wanapendelea chakula gani?**
  What do most people like to eat?

- **Naomba upunguze** Can you take some off?

- **Naomba uongeze** Can you put more?

- **Chakula kitamu** The food tastes good.

- **Sikutaka hii** I didn't want this.

- **Naomba unibadirishie** Can you change...

- **Naomba kijiko** May I have a spoon?

- **Naomba umma** May I have a folk?

- **Naomba kisu** May I have a knife?

- **Matunda** Fruits.

- **Chai** Tea.

- **Kahawa** Coffee.

- **Naomba kikombe cha...** May I have a cup of ...

- **Naomba glasi ya** May I have a glass of ...

- **Naomba sahani** May I have a plate?

- **Mna Bia gani?** What type of beer do you have?

Ordering Food

- **Chumvi** Salt.

- **Pilipili** Pepper.

- **Sukari** Sugar.

- **Maziwa** Milk.

- **Siagi** Butter.

- **Viungo gani vimetumika?**

  What are the ingredients?

- **Naomba msiweke chumvi**

  Please don't put salt.

- **Chakula kina pili-pili?** Is this spicy?

- **Naomba kubadilisha oda yangu**

  Can you change my order?

- **Mnafunga saa ngapi?** What time do you close?

- **Unaweza kutuamisha meza?**

  Can you move our table?

- **Mimi nina mzio wa karanga**

  I'm allergic to nuts.

- **Hapa kuna kelele** There is noise here.

Ordering Food

- **Naweza kunawa mikono wapi?**

  Where can wash my hands?

- **Naomba unionyeshe choo?**

  Can you show me the bathroom?

- **Nimemaliza** I am done/I finished.

- **Asante kwa huduma.**

  Thank you for the service.

- **Naomba bili, tafadhali**

  Can I get the bill, please.

- **Asante nimeshakula** Thank you, I ate already.

- **Karibu tule**   Let's eat

  (In Tanzania, when we eat, we always
  welcome whoever is around. It's
  just courtesy, most of the time
  people will say).

- **Chakula kitamu**   The food was delicious.

- **Nifundishe kupika**   Teach me how to cook.

- **Najua kupika** I can cook.

- **Sijui kupika**   I can't cook.

Transportation

- **Usafiri** Transportation.

- **Abiria** Passenger.

- **Je, kuna basi kutoka hapa kwenda...**

  Is there a bus from here to...

- **Unaweza kunipeleka...** Can you take me...

- **Basi** Bus.

- **Treni** Train.

- **Naweza kutumia usafiri gani?**

  Can you find transportation for me?

- **Bajaji** Bajaji.

- **Pikipiki** Motorcycle.

- **Gari** Car.

- **Ndege** Airplane.

- **Uba** Uber.

- **Naomba unitafutie usafiri.**

  Can you find transportation for me?

- **Tikiti ya kwenda shilling ngapi?**

  How much is the ticket?

Transportation

- **Nataka kukodi gari** I want to rent a car.

- **Ninaweza kupata bima?** Can I get insurance?

- **Simama** Stand/Stop at the red light.

- **Hairuhusiwi kuegesha gari**

  You can't park here.

- **Punguza mwendo** Slow down.

- **Stesheni ya Mafuta** Gas station.

- **Mafuta ya gari** Gas.

- **Nimepata pancha** I got a flat tire.

- **Nimepotea njia** I lost my way.

- **Tuchukue teksi?** Shall we take a taxi?

- **Nitatembea, kwani ni mbali?**

  I'll walk is it far?

- **Unaenda wapi?** Where are you going?

- **Nishushe hapa** Drop me off here.

Transportation

- **Treni/Basi hii inakwenda wapi?**

  Where is this Train/Bus going?

- **Treni/Basi itaondoka saa ngapi?**

  What time is the train /bus coming?

- **Treni/Basi itafika lini?**

  When is the bus/train coming?

- **Naendaje...?**   How do I get there?

- **Nipeleke ...tafadhali**   Take me there, please

- **Itakua pesa ngapi kunifikisha?**
  How much will it cost me to get there?

- **Naomba ramani**   Can I have a map?

- **Ninataka kwenda...**   I want to go.

- **Safari itachukua mda gani?**

  How long will the trip take?

- **Lini? Wapi?**   Where/Where?

Problems

- **Naomba uniache** Please leave me.

- **Usiniguse** Don't touch me.

- **Polisi** Police.

- **Naomba msaada** I need help.

- **Mwizi** Thief.

- **Nimepotea** I am lost.

- **Nimepoteza mizigo** I lost my luggage.

- **Naumwa** I am sick.

- **Nimeumia** I hurt myself.

- **Naomba kutumia simu yako**

  Can I use your phone ?

- **Hacha kunisumbua** Stop bothering me.

- **Usinifate** Don't follow me.

- **Nimeibiwa...** My ...were stollen.

- **Kaa mbali na mimi** Stay away from me.

- **Ukuniambia** You didn't tell me.

- **Naomba unisikilize** Please listen to me.

Problem

- **Niachie** Leave it for me.

- **Usinipigie kelele.**

  Don't make noise for me.

- **Punguza sauti, tafadhali.**

  Lower your voice, please.

- **Tatizo ni nini?**

  What's the problem?

- **Tunatatuaje hili tatizo?**

  How to solve this problem?

- **Nimepoteza pasipoti**

  I lost my passport.

- **Nikitakata msaada naumuliza nani?**

  If I want help, who do I ask?

- **Nimesahau.** I forgot.

- **Kwanini unanifanyia fujo?**

  Why are you creating a ruckus for me?

Religion Questions

- **Kanisa lipo wapi?** Where is the church?

- **Msikiti upo wapi?** Where is the Mosque?

- **Navaaje kanisani?**

  How do I get dressed for church?

- **Hili ni Kanisa la kikatoliki?**

  Is this a Catholic Church?

- **Nataka kwenda kanisani.**

  I want to go to church.

- **Nataka kwenda msikitini.**

  I want to go to the Mosque.

- **Twende kusali** Let's go pray.

- **Wewe ni dini gani?** What religion are you?

- **Mkristu** Christian.

- **Mwislamu** Muslim.

- **Naomba tusali** Can we pray?

Emergency

- **Nahitaji msaada**   I need help.

- **Nimepotea, naomba unisaidie.**

  I lost my way, help me.

- **Naomba uite polisi.**

  Can you call the police?

- **Kuna Mwanasheria**   Is there a lawyer?

- **Nahitaji Mkalimani**   I need a translator.

- **Nahitaji Daktari**   I need a doctor.

- **Umeumia wapi?**   Where are you hurt?

- **Naomba kutumia simu yako, tafadhali.**

  Can I use your phone, please!

- **Pua yangu inatoka damu.**

  My nose is bleeding.

- **Sijisikii vizuri.**   I don't feel well.

- **Nikusaidie.**   You want me to help you.

- **Nisaidie kumbeba**   Help me carry him/her.

Conversation

- **Samahani** Excuse me.

- **Naomba uongee polepole.**

  Can you talk slowly?

- **Sikuelewi** I don't understand you.

- **Sielewi** I don't understand.

- **Sikuelewa** I didn't understand.

- **Naelewa** I understand.

- **Nakuelewa** I understand you.

- **Siongei Kiswahili vizuri.**

  I don't understand Swahili

- **Unaweza ukatafsiri kwa Kiingereza?**

  Can you translate in English?

- **Tukae chini** Let's sit down.

- **Unanielewa?** Do you understand me?

- **Naomba uniandikie hapa.**

  Can you write this here?

Conversation

- **Unaweza kunipa mfano?**

  Can you give an example?

- **Ngoja kidogo, tafadhali.** Wait, please!

- **Kuna kitu unataka, uniambie?**

  Is there something you want to tell me?

- **Sitaki kukusumbua.**

  I don't want to bother you.

- **Ukifika, nijulishe.**

  Let me know when you get there.

- **Unanikumbuka?** Do you remember me?

- **Tulikutana zamani.** We met a while ago.

- **Bado unakaa...** You still live in...

- **Sasa itakuwaje?**

  Now what's going to happen?

- **Wasalimie wote.** Say hello to everyone.

Date Night

- **Naomba number yako?**

  Can I get your number?

- **Nitakupigia simu.** I'll call you.

- **Nimefurahi kuwa na wewe.**

  I am happy to be with you.

- **Umependeza.** You look nice.

- **Njoo tucheze muziki.** Lets dance.

- **Marafiki zangu wanakuja.**

  My friends are coming.

- **Leo sitaweza kuja, labda kesho.**

  I wont be able to come today, maybe tomorrow.

- **Nitakuja kukupitia.** I'm coming to get you.

- **Nakupenda.** I love you.

- **Una miaka mingapi?** How old are you?

- **Tutakutana jumamosi?**

  We'll meet on saturday?

Money and Shopping

- **Shilingi ngapi?** How many shillings?

- **Bei gani?** How much?

- **Naweza kujaribu hii?** Can I try this?

- **Inanitosha?** Does it fit me?

- **Ni ghali sana.** It's expensive.

- **Rahisi** It's cheap.

- **Sina pesa ya kutosha.**

  I don't have enough money.

- **Sawa, nitachukua** Ok, I'll take it

- **Hapana, asante** No, thanks.

- **Naweza kupata wapi...** Where can I get...

- **Mswaki** Toothbrush.

- **Dawa ya mswaki.** Toothpaste.

- **Sabuni ya kuogea.** Laundry soap.

- **Sabuni ya kufua.** Body soap.

- **Dawa.** Medicine.

- **Dawa ya mbu.** Mosquito repellent.

Money and Shopping

- **Duka** Store.

- **Twende dukani.** Let's go to the store.
- **Sokoni.** Market.

- **Twende sokoni.** Let's go to the market.

- **Nunua** Buy.

- **Nataka kununua.** I want to buy.

- **Sitaki kununua.** I don't want to buy.

- **Nalipaje?** How do I pay?

- **Naweza kulipia na card ya benki?**

  Can I pay with a bank card?

- **Natafuta sehemu ya kupanga.**

  I am looking for a place to rent.

- **Chumba kimoja/Vyumba viwili.**

  One room/two rooms.

- **Unaweza kupunguza bei?**

  Can you lower the price?

48

Traveller's Guide

- **Pale ni maktaba.** Right there is a library.

- **Hule ni msikiti.** That's a Mosque.

- **Hili ni Kanisa.** This is a church.

- **Pale.** Right there.

- **Kule.** Right there (further)

- **Njia hii.** This way.

- **Mimi ni mtalii.** I am a tourist.

- **Sitokaa mda mrefu.** I won't stay long.

- **Nitakaa mda mfupi.** I will stay a short while.

- **Naweza kupiga picha hapa?**

  Can I take picture here?

- **Nataka kwenda kisiwani.**

  I want to go to an Island.

- **Nataka kwenda bara.**

  I want to go to the Mainland.

Answers

- **Ndio** Yes

- **Sina uhakika** I am not sure.

- **Hamna shida/tatizo.** No problem.

- **Natoka Marekani.** I come from America.

- **Hata mimi/Na mimi pia.** Me too.

- **Nitakujulisha kesho.**

  I'll let you know tomorrow.

- **Nina watoto.** I have kids.

- **Sina watoto.** I don't have kids.

- **Nimeelewa.** I understand.

- **Ndio, kweli.** Yes, true.

- **Hapana, si kweli.** No, it's not true.

- **Hatujaamua bado.** We haven't decided.

- **Nitajaribu.** I'll try.

- **Hapana, sijawahi.** No, I've never.

- **Huwezi.** You can't.

50

Answers

- **Nitaangalia ratiba yangu.**

  I'll look at my schedule.

- **Sijui kama hiyo itawezekana.**

  I don't know if that's possible.

- **Haunisumbui.** You are not bothering me.

- **Inabidi nifanye kazi.** I have to work.

- **Nimechelewa.** I am late.

- **Nakuja Leo** I am coming today.

- **Sitaki kwenda** I don't want to go

- **Najua.** I know.

- **Sijui.** I don't know.

- **Nataka.** I want.

- **Samahani.** Excuse me.

- **Nimekosea.** I made a mistake.

- **Samahani, leo siwezi.** I"m sorry, I can't.

- **Sio kosa lako.** It's not your fault.

Small Talk

- **Hapana.** No.
- **Ndio.** Yes.
- **Sawa.** Okay.
- **Asante.** Thank you.
- **Tafadhali.** Please.
- **Nilienda dukani.** I went to the store.
- **Afadhali.** Rather.
- **Nini?** What?
- **Sikulala vizuri.** I didn't sleep well.
- **Mpaka saa ngapi?** Untill what time?
- **Tunangoja mstarini.** We are waiting in line.
- **Vipi?** How?
- **Wapi?** Where?
- **Una roho nzuri.** You have a good heart.
- **Nina shukrani.** I am grateful.
- **Nataka kukushukuru.** I want to thank you.

Small Talk

- **Asante kwa msaada wako.**

  Thank you for your help.

- **Safari njema.** Have a nice trip.

- **Safiri salama.** Have a safe trip.

- **Napenda hilo.** I like that.

- **Naweza kuona...** Can I see...

- **Nitakuona tena.** I'll see you again.

- **Kaa salama.** Stay safe.

- **Mkae salama.**

  Stay safe (more than one person)

- **Nenda salama.** Go peacefully.

- **Nipo nyumbani.** I am home.

- **Naomba urudie ulivyosema.**

  Can you repeat what you said.

- **Karibu tena!** Welcome back!

- **Sina mda.** I don't have time.

The Weather

- **Hali ya hewa.** Weather.
- **Inabadiilika** It's changing
- **Mvua inanyesha** It's raining
- **Jua kali** The sun is hot
- **Mwamvuli** Umbrella
- **Upepo** Wind
- **Thelugi** Snow
- **Wingu** Clouds
- **Mafuriko** Floods
- **Kibunga** Hurricane
- **Angalia hali ya hewa** Look at the weather
- **Upinde wa mvua** Rainbow
- **Radi** Thunder
- **Shwari** Calm
- **Manyunyu mepesi** Rainshowers
- **Joto** Hot

The Weather

- **Unyevu.** Moisture.

- **Hewa kavu.** Dry air.

- **Upepo mkali.** Strong wind.

- **Kuna upepo nje.** It's windy outside.

- **Hewa imajaa unyevu.**

  The air is full of moisture.

- **Ukungu.** Fog.

- **Tufani.** Storm.

- **Ni siku ya mawingu.** Cloudy day.

- **Ngoja hali ya hewa iwe nzuri.**

  Wait for the weather to clear.

- **Epuka na joto jingi.** Avoid the big heat.

- **Doruba kali.** Severe storms.

- **Mvua kubwa ya mawe.** Big hail shower.

- **Gurumo kubwa.** A loud roar.

- **Mvua ya thelugi.** Snow showers.

The Weather

- **Mvua itanyesha kesho?**

  Is it going to rain tomorrow?

- **Leo ni joto kali, nitabaki ndani.**

  It's hot today, I'll stay inside.

- **Mvua imenyesha wiki nzima.**

  It rained all week.

- **Umeshawahi kuona thelugi?**

  Have you ever seen snow?

- **Kuna baridi leo?**   Is it cold today?

- **Nasikia baridi.**   I feel cold.

- **Nasikia joto.**   I feel hot.

- **Sipendi joto.**   I don't like the heat.

- **Wamesema leo kutakua na kibunga.**

  The said there is going to be a hurricane.

- **Naomba uwashe feni.**

  Can you turn on the fan?

Questions and Descriptions

- **Kwanini?** Why?

- **Nini?** What?

- **Lini?** When?

- **Ipi/Gani?** Which one?

- **Wapi?** Where?

- **Unaenda wapi?** Where are you going?

- **Kwanini unataka nifanye hivyo?**

  Why do you want me to do that?

- **Unafanya nini?** What are you doing?

- **Utakuja lini?** When will you come?

- **Unakaa mji gani?** What city do you live in?

- **Unatoka nchi gani?**

  What country care you from?

- **Imekuaje?** What happened?

- **Hupo sawa?** Are you ok?

- **Utamaliza lini?** When will you be done?

Questions and Descriptions

- **Refu** Tall **mrefu** (person) **kirefu** (thing)

- **Fupi** Short **wafupi** (people) **vifupi** (things)

- **Nene** Fat **mnene** (person) **vinene** (things)

- **Kibonge.** Fat person.

- **-Embamba** Skinny **Mwembamba** (person)

- **Mweusi** Dark skin person.

- **Mweupe** Light skin person.

- **Maji ya kunde** Brown skin person.

- **Mzungu** White person or European.

- **Mcheshi** Charming.

- **Ana heshima.** She or he has respect.

- **Anachekesha** He or she is funny.

- **Ana akili.** He or she is smart.

- **Anajua kuimba.** She or he can sing.

- **Anajua kucheza.** She or he can dance.

- **Mpampanaji.** Hard worker.

Questions and Descriptions

- **(jina) ni mnene** (Name) is fat

- **Msomi** Ediucated person.

- **Mzee** Old person.

- **Kijana** Young person.

- **Rafiki mzuri** Good friend.

- **Mviringo** Circle.

- **Mraba** Square.

- **Pembe tatu** Triangle.

- **Chungu** Bitter.

- **Chumvi** Salty.

- **Chachu** Sour.

- **Tamu** Sweet.

- **Sifa** Character.

- **Safi** Clean.

- **Chafu** Dirty.

- **Tupu** Empty.

Questions and Descriptions

- **Laini** Soft.

- **Ngumu** Hard.

- **Nzito** Heavy.

- **Nyepesi** Light.

- **Dhaifu** Weak.

- **Chache** Few.

- **Kidogo** Little bit

- **Wengi** A lot.

- **Zaidi** More.

- **Sehemu** Part/Potion.

- **Baadhi** Some.

- **Nzima** Whole.

- **Zaidi** More.

- **Nimepata baadhi ya mzigo wangu.**

  I got some of my luggage.

- **Niongezee zaidi.** Add more for me.

Hotel

- **Habari/ Hujambo!** Hello!

- **Je, naweza kupata chumba cha kulala?**

  Can I get a room?

- **Je, wapi mkahawa?** Do you have coffee?

- **Naweza kupata maji ya kunywa?**

  Can I get water to drink

- **Naweza kulipa kutumia pesa taslim?**

  Can I use cash?

- **Naomba chumba kimoja?**

  Can I have one room?

- **Ni bei ngapi?** How much is it?

- **Saa ngapi ya kutoka?**

  What time is checkout?

- **Naomba chumba cha...** Can I have a room...

- **Juu** Up

- **Chini** Down

Hotel

- **Nimejifungia** I locked myself out

- **Mlango umejifunga** The door locked itself

- **Umeshawahi kukaa hapa?**

  Have ever stayed here?

- **Naweza kuona chumba kwanza?**

  Can I see the room first?

- **Kuna chumba ambapo hamna kelele?**

  Do you have a room that's quiet?

- **Naomba taulo safi** Can I have a clean towel?

- **Naweza kupata funguo wa pili?**

  Can I get two keys?

- **Chumba kichafu, naomba nibadilishe**

  The room is dirty, can I switch?

- **Chumba kidogo** The room is small

The first 24 Hours

- **Umefika lini?**   When did you arrive?

- **Jana/Leo**   Yesterday/Today

- **Pole na safari.** Sorry for trip.

- **Asante.** Thank you.

- **Mara yangu ya kwanza kuja Tanzania**

  My first time to come Tanzania.

- **Nafurahi nimefika salama**

  I am happy I arrived safely.

- **Ilikua safari ndefu.** It was a long trip.

- **Umetupangia usafiri?**

  Did you arrange transportation for us?

- **Tutafikaje tunapoenda?**

  How do we ge to our destination?

- **Utakaa mda gani?**   How long will you stay?

- **Nitakaa kwa siku chache.**

  I'll stay for a few days.

The last 24 Hours

- **Naondoka kesho**

  I am living tomorrow.

- **Asante sana kwa ukarimu wako.**

  Thank you for your hospitality.

- **Nitakukumbuka.**

  I'll remember you.

- **Karibu kwetu.**

  Welcome to our city/country/house etc

- **Nimefurahi sana kukutana na wewe.**

  I am happy I met you.

- **Nimekuja kukuaga.**

  I came to say goodbye to you.

- **Nitarudi** I'll come back.

- **Nashukuru** I am grateful.

- **Nimependa sana nchi yenu.**

  I really love your country.

Common words: verbs

is ni	**was** ilikuwa	**are** ni
had alikuwa na	**were** walikuwa	**can** -eza
do fanya	**will** -ita	**would** -ngeweza
has ina	**look** angalia	**write** andika
could inaweza	**been** imekuwa	**call** ita
did alifanya	**get** pata	**come** fika
take chukua	**know** jua	**live** ishi
say sema	**help** saidia	**tell** ambia
want taka	**show** onyesha	**set** kuweka
must lazima	**ask** uliza	**went** kwenda
move sogea	**try** jaribu	**change** badirisha
found kupatikana	**add** ongeza	**learn** jifunza

Common words: verbs

might	thought	put
-ezekana	wazo	weka
got	**seem**	**read**
pata	uonekano	soma
took	**walk**	**play**
chukua	tembea	cheza
eat	**hear**	**talk**
kula	sikia	ongea
being	**let**	**miss**
kuwa	acha	kosa
leave	**cut**	**grow**
acha	kata	kua
watch	**stop**	**begin**
angalia	acha	anza
carry	**began**	**turn**
beba	anza	geuka
run	**open**	**add**
kimbia	fungua	ongeza
close	**saw**	**spell**
funga	ona	speli
start	**should**	**need**
anza	inapaswa	hitaji
study	**play**	**does**
jifunza	cheza	hufanya

Common words: nouns

word	book	night
neno	kitabu	usiku
water	**mountain**	**idea**
maji	mlima	wazo
place	**time**	**list**
njia	mda	orodha
sentence	**day**	**number**
sentensi	siku	namba
end	**year**	**part**
mwisho	mwaka	sehemu
picture	**man**	**back**
picha	mwanaume	nyuma
letter	**air**	**line**
barua	hewa	mstari
world	**point**	**land**
dunia	hatua	ardhi
father	**food**	**animal**
baba	chakula	mnyama
head	**tree**	**mother**
kichwa	mti	mama
group	**story**	**country**
kikundi	hadithi	nchi
mile	**children**	**city**
maili	watoto	mji

Common words: nouns

example
mfano
side
upande
sea
bahari
face
uso
song
wimbo
way
njia
sound
sauti
thing
kitu
boy
mvulana
home
nyumbani
answer
jibu
plant
mmea

earth
dunia
life
maisha
feet
miguu
river
mto
family
familia
people
watu
work
jina
name
shamba
farm
mkono
hand
Marekani
America
Ulaya
Europe

School
shule
eye
jicho
paper
karatasi
car
gari
girl
msichana
Ujerumani
Germany
Uchina
China
Urusi
Russia
Ugiririki
Greece

Common words: adjectives

he

Yake

each

kila

more

zaidi

good

nzuri

any

yoyote

large

kubwa

kind

wema

light

isiyo nzito

both

zote mbili

enough

tosha

other

nyingine

long

ndefu

great

kuu

same

fanana

big

kubwa

still

bado

left

kushoto

important

muhimu

above

juu

one

moja

many

nyingi

new

mpya

right

kulia

three

tatu

70

even

hata

high

juu

few

kidogo

white

nyeupe

young

mdogo

all

yote/wote

some

baadhi

little

chache

mean

-dhalifu

small

kidogo

such

vile

every

kila

Common words: adjectives

next
ljayo

four
nne

two
mbili

most
nyingi

old
nzee

another
nyingine

different
tofauti

own
mwenyewe

hard
ngumu

second
ya pili

Common words: adverbs

not	**here**	**how**
sio	hapa	vipi
out	**near**	**no**
nje	karibu	hapana
now	**together**	**just**
sasa hivi	pamoja	tu
much	**really**	**also**
_ingi	kweli	pia
well	**there**	**again**
vizuri	Pale	tena
away	**so**	**last**
mbali	hivyo	mwisho
always	**very**	**once**
kila mara	sana	mara moja
far	**too**	**sometimes**
mbali	pia	mara nyingine
when	**why**	**up**
lini	kwanini	juu
then	**below**	**first**
basi	chini ya	kwanza
only	**often**	**where**
tu	mara nyingi	wapi
before	**almost**	**around**
kabla	karibu	zunguka

Common words: adverbs

off
futwa

never
kamwe

later
baadaye

soon
hivi karibuni

Common words: prepositions

of ya	**for** ya
with na	**by** ya
into ndani	**after** baada ya
between kati	**until** mpaka
to kwa	**on** juu ya
at katika	**about** kuhusu
down chini	**though** kupitia
under chini ya	**without** bila
in ndani	
from kutoka	
over juu	
along pamoja	

Common words: pronouns

you	**she**	**we**
wewe	yake	yetu
they	**him**	**them**
wale	yake	yaho
your	**our**	**who**
yako	yetu	nani
its	**he**	
yake	yake	
those	**what**	
vile	nini	
that	**their**	
kile	yao	
I	**my**	
mimi	yangu	
which	**us**	
ambayo	yetu	
her	**his**	
yake	yake	
me		
mimi		
it		
ni		

Common words: conjunctions

and
na
if
kama
as
kama
than
zaidi
or
au
because
kwasababu
but
lakini
while
wakati

Common words: Animals

Aadvark
Muhanga

African Wild Dog
Mbwa mwitu

Ant
Sisimizi

Flying ant
Ngumbi

Safari ant
Siafu

Antelope
Paa

Baboon
Nyani

Bat
Popo

Bee
Nyuki

Bird
Ndege

Blue Monkey
Kima

Buffalo
Nyati

Butterfly
Kipepeo

Chameleon
Kinyonga

Camel
Ngamia

Cat
Paka

Cheetah
Duma

Chimpanzee
Sokwe

Civet
Fungo

Colobus
Mbega

Colobus(red)
Mbega mwekundu

Colobus(zanzibar red)
Kima punju

Cow
Ng'ombe

Crab
Kaa

Common words: Animals

Crocodile	**Fly**
Mamba	Nzi
Paa	**Catfish**
Paa	Kambale
Dik dik	**Tigerfish**
Digidigi	Kibebe
Dragonfly	**Flamingo**
Kereng'ende	Heroe
Duiker	**Gazelle**
Funo	Swala
Dog	**Genet**
Mbwa	Kala/Kanu
Dolphin	**Giraffe**
Pompoo	Twiga
Donkey	**Goat**
Punda	Mbuzi
Duck	**Grant's Gazelle**
Bata	Swala granti
Eland	**Guinea pig**
Pofu	Sili
Elephant	**Hartebeest**
Tembo	Kongoni
Fish	**Hippo**
Samaki	Kiboko

Common words: Animals

Rock hyrax	**Lion**
Pelele	Simba
Horse	**Lizard**
Farasi	Mjusi
Spotten Hyena	**Monitor Lizard**
Fisi	Kenge
Brown Hyena	**Mangoose**
Fisi kahawia	Nguchiro
Hyrax	**Monkey**
Pimbi	Tumbili
Impala	**Mosquito**
Swala pala	Mbu
Insect	**Moth**
Mdudu	Kipopo
Jackal	**Mouse**
Mbweha	Panya mdogo
Klipspringer	**Oribi**
Mbuzi mawe	Taya
Greater Kudu	**Oryx**
Tandale mkubwa	Choroa
Lesser Kudu	**Ostrich**
Tandale mdogo	Mbuni
Leopard	**Owl**
Chui	Bundi

Common words: Animals

Pangolin
Mondo
Pig
Kondoo
Porcupine
Konokono
Rock python
Nyoka
Rabbit
Buibui
Rat
Paa
Reedbuck
Kindi
Rhinoceros
Nyamera
Roan antelope
Tumbili
Rooster
Ngiri
Sable antelope
Nyumbu
Scorpion
Punda milia

Serval
Kakakuona
Sheep
Nguruwe
Snail
Nungunungu
Snake
Chati
Spider
Sungura
Suni antelope
Panya
Squirrel
Tohe
Top
Kifaru
Velvet Monkey
Korongo
Warthog
Jogoo
Wilderbeest
Palahala
Zebra
Nge or Kisusuli

Feelings and Emotions

Acceptance	**Annoyance**
Kukubalika	Kero
Admiration	**Anticipation**
Upendeziwaji	Kutarajia
Adoration	**Anxiety**
Kuabudu	Wasiwasi
Afraid	**Assured**
Hofu	Uhakika
Aggresive	**Awe**
Mkali	Kushangaza
Agitation	**Bitterness**
Fadhaa	Uchungu
Agony	**Boredom**
Uchungu	Kuchoka
Agreeable	**Calm**
Inakubalika	Tulia
Alarm	**Capricious**
Hofu	Hazibadiliki
Amazement	**Caring**
Mshangao	Kujali
Anger	**Cautious**
Hasira	Tahadhari
Anguish	**Cheerful**
Uchungu	Mchangamfu

Feelings and Emotions

Compassion
Huruma
Compliant
utii
Conceited
Malalamiko
Contempt
Kujivuna
Content
Tosheka
Crazy
Wazimu
Crue
Katili
Defeated
Kushindwa
Defiance
Ukaidi
Dependence
Utegemezi
Depressed
Huzuni
Desire
Hamu

Dissappointed
Kukata tamaa
Disapproval
kutokubali
Disgust
Karaha
Disilusioned
Kukata tamaa
Dislike
Kutopenda
Dismay
Fadhaika
Disatsfied
Kutoridhika
Disturbed
Kuvurugwa
Dread
Hofu
Eager
Hamu
Easy going
Rahisi
Ecstatic
Kufurahi

Feelings and Emotions

Elation Furaha	**Furious** Hasira
Embarrassment Aibu	**Generous** Mkarimu
Emotional Kihisia	**Glad** Furahi
Enomored Kupendezwa	**Gloating** Furahi
Enjoyment Starehe	**Greedy** Mchoyo
Enraged Kasirika	**Grief** Majonzi
Envious Wivu	**Grouchy** Kununa
Excited Msisimko	**Guilt** Hatia
Exhausted Kuchoka	**Happiness** Furaha
Exuberant Furaha	**Homesick** Kutamani nyumbani
Fascinated Kuvutiwa	**Hopeless** kutokuwa na tumaini
Fear Hofu	

Feelings and Emotions

Horror	**Kindhearted**
Kutisha	Mwema
Humiliation	**lazy**
Aibisha	Uvivu
Hurt	**loneliness**
Umizwa	Upweke
Infatuated	**love**
Kutamaniwa	Upendo
Insecurity	**lust**
kutokuwa na usalama	Tamaa
Insulted	**Mad**
Kutukanwa	Angry
Introverted	**Misery**
Mndani	Taabu
Irritation	**Modesty**
Kukerwa	Adabu
Jeolousy	**Naughty**
Wivu	Ukorofi
Joy	**Needness**
Furaha	Uhitaji
Keen	**Nervous**
Kali	Wasiwasi
Kind	**Open**
Wema	Mtu wazi

Feelings and Emotions

Outgoing	Mcheshi	**Rage**	Hasira
Outrage	Hasira	**Rejection**	Kukataliwa
Panic	Wasiwasi	**Relief**	Unafuu
Peaceful	Amani	**Remorse**	Kujuta
Pity	Huruma	**Sad**	Huzuni
Pleased	Ridhishwa	**Sarcastic**	Kejeli
Proud	Kiburi	**Satisfaction**	Kutoshelezeka
Pushy	kusisiitiza	**Scared**	Ogopa
Quarrelsome	Magomvi	**Shame**	Aibu
Quick-witted		**Stressed**	hamna amani
Quiet	Kimya	**Surprised**	Shangaa
Quirky		**Sorry**	Msamaha

Mjanja

Feelings and Emotions

Stingy Uchoyo	**Vengeful** Kulipiza kisasi
Suffering Kuteseka	**Vexed** Kasirika
Tenderness Huruma	**Wary** Hofu
Terror Ugaidi	**Wonder** Ajabu
Threatening Kutishia	**Worried** Wasiwasi
Timidity Woga	**Wrathful** Hasira
Triumphant Ushindi	**Zeal** Bidii
Trust Uaminifu	
Uncomfortable sina Amani	
Unhappy Sio na furaha	
Vain Bure	

Journal

What are you most looking forward to?

Why did you choose Tanzania?

First Impression

I went with...

The place was...

The people were...

The food was...

The weather was...

My favorite words or phrases I learned were...

The most unusual thing I witnessed was...

The most surprising thing I did on this trip was...

The most memorable cultural differences were...

My favorite things on this trip was...

A unique mode of transportation I took was...

The most interesting person I met...

The biggest lesson I learned was...

What I will always remember about this trip is...

Notes

Notes

Notes

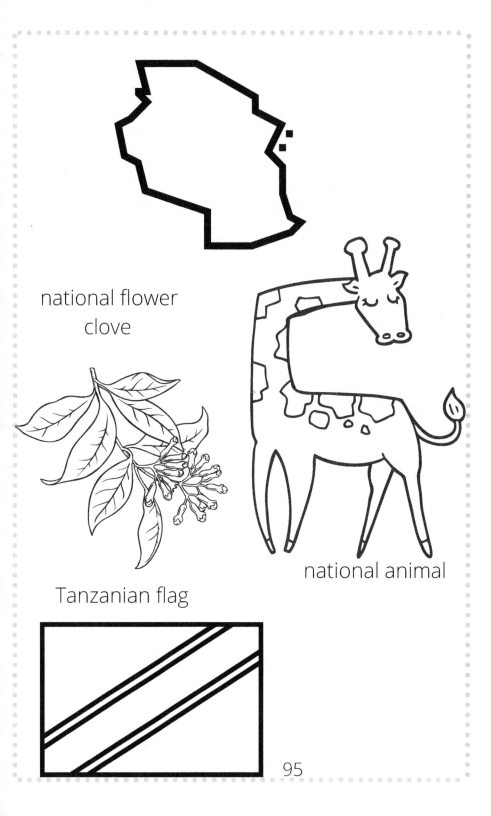

national flower
clove

national animal

Tanzanian flag

95

Packing List

Essentials

- [ ] Diriver's License
- [ ] Passport
- [ ] Visa
- [ ] Money/Wallet
- [ ] Tickets
- [ ] Travel Itinerary
- [ ] Credit cards
- [ ] Contact List

Toiletries

- [ ] Toothbrush/Toothpaste
- [ ] Deodorant
- [ ] Shampoo/Conditioner
- [ ] Body wash / Lotion
- [ ] Razors/Shaving cream
- [ ] Brush/Comp
- [ ] Hair tools
- [ ] Medications
- [ ] Sunscreen
- [ ] Bug spray

Clothing

- [ ] Jeans
- [ ] Leggings
- [ ] Dresses
- [ ] Tshirts
- [ ] Hoodie
- [ ] Socks
- [ ] Underwear
- [ ] Outwear
- [ ] Beachwear
- [ ] Pajamas
- [ ]
- [ ]
- [ ]
- [ ]

Shoes

- [ ] Tennis shoes
- [ ] Dress shoes
- [ ] Sandals
- [ ]

Packing List

Technology

- [ ] Phone and charger
- [ ] Camera and charger
- [ ] Laptop and charger
- [ ] Headphones/Earpods
- [ ] Plug adapters
- [ ]
- [ ]
- [ ]

Accessories

- [ ] Belts
- [ ] Jewerly
- [ ] Purses/Bags
- [ ] Water bottle
- [ ] Laundry bag
- [ ]

Miscellaneous

- [ ] Book/Magazines
- [ ] Travel iron
- [ ] Flashlight
- [ ] Nightlight
- [ ] Neck pillow
- [ ] Umbrella

Printed in Great Britain
by Amazon

21846216R00056